C. C. L. Hirschfeld

Vom guten Geschmack in der Philosophie beim Antritt des

Lehramts von C. C. L. Hirschfeld

C. C. L. Hirschfeld

Vom guten Geschmack in der Philosophie beim Antritt des Lehramts von C. C. L. Hirschfeld

ISBN/EAN: 9783743350137

Hergestellt in Europa, USA, Kanada, Australien, Japan

Cover: Foto ©Thomas Meinert / pixelio.de

Manufactured and distributed by brebook publishing software (www.brebook.com)

C. C. L. Hirschfeld

Vom guten Geschmack in der Philosophie beim Antritt des Lehramts von C. C. L. Hirschfeld

Vom

guten Geschmack

in der

Philosophie.

bey dem

Antrit des Lehramts

von

C. C. L. Hirschfeld,
Prof. und Secr.
des akademischen Curatel-Collegiums
zu Kiel.

Lübeck
bey Christian Gottfried Donatius. 1770.

I.

Vom guten Geschmack in der Philosophie.

(Erster Band.) A

Was ist guter Geschmack? Was Philosophie? Und wie verbinden sie sich mit einander? Die richtige Beantwortung dieser Fragen macht den vornehmsten Gegenstand unsrer Untersuchungen aus, und mus ihnen das Verdienst der Wahrheit und Nutzbarkeit geben; aber von wem sollen wir die Antwort hohlen? Die Meinungen, die den Geschmack betreffen, sind oft so verschieden, als die Anzüge auf dem Masqueradensaal; und für den Ruhm der Philosophie wäre es zu gefährlich, wenn wir sie bei den Schulweisen kennen lernen wollten, wo sie oft einer unglücklichen Schönen gleicht, die unter den Händen barbarischer Stiefväter ihre jugendlichen Reitze verlohren, und unkentlich geworden. Lasset uns einmal vor dem Labyrinth wilkührlicher Erklärungen vorbeischleichen, unverblendet vom Ansehen, und unbetäubt

betäubt vom Getöse der Schulen, die wahren Begriffe von Geschmack und Philosophie, welche die Säulen unsrer Betrachtungen sein sollen, aufsuchen, und, was so viele zu vergessen scheinen, wohl bedenken, daß wir bei philosophischen Untersuchungen nicht den gesunden Menschenverstand verleugnen dürfen.

Wenn wir auf unsre eigenen Empfindungen aufmerksam sind (und dies laßt uns immer für das erste Geschäfte der wahren Philosophie halten); so werden wir einen Eindruck bemerken, den die Gegenstände auf uns machen, Wohlgefallen, oder Misfallen, das wir an ihnen haben. Es gibt ein von der Natur selbst angeordnetes Verhältnis zwischen den Dingen, und zwischen den Eindrücken, die sie auf die menschliche Sele machen. Was mit unsern Nutzen und unsern Vergnügen in Verbindung steht, gefält; das Gegentheil misfält. Die Beschaffenheiten der Dinge haben auf uns eine Beziehung. Die wohlthätige Natur, die auf unsre Volkommenheit dachte, muste sie uns entdecken. Der Weg dazu durch die Ueberlegungen des Verstandes, und durch eine lange Kette von Schlüssen, schien nicht bequem, nicht nahe genung. Sie wählte einen kürzern.

Sie

Sie pflanzte dem Menschen ein Gefühl ein, ohne Vernunftschlüsse überhaupt das Verhältnis zwischen den Dingen, und seinem Nutzen sinlich wahrzunehmen. Dieses Gefühl ist der gemeine Geschmack; ich nenne ihn so, weil er das Eigenthum aller Menschen ist. Ein Zweig von ihm, oder vielmehr eine höhere Stuffe dieses gemeinen Geschmacks ist der, welcher besonders das Schöne zum Gegenstande hat, der Antheil einer geringern Zahl von Menschen, und das Geschenk einer gütigern Natur. Das Schöne, es sei in der Natur oder in den Werken der Kunst wahrzunehmen, und zwar es, ohne weitläuftige Beschäftigungen des Verstandes, blos durch das dadurch erweckte sinliche Vergnügen wahrzunehmen, dieses Vermögen, oder diese Fertigkeit der Sele ist der Geschmack, von welchem wir reden. Er ist also eine Kentnis des Schönen durch die Empfindung, und breitet sich über alle Gattungen des Schönen aus. Er ist eine Gabe der Natur, eine angebohrne Kraft der Sele; aber die fleissige Betrachtung der Meisterstücke, worin er ausgedrückt ist, und der Regeln, die für ihn geschrieben sind, eigenes Nachdenken und Vergleichen und Uebung mus ihn richten, ausbilden, verstärken, und ihm alle Vortheile

theile einer weiſen Erziehung geben. Wird der Geſchmack auf dieſe Art genährt, ſo iſt er gut, weil er der Natur, und allem, was der Natur ähnlich iſt, gemäs iſt. Dieſes iſt der einzige gute Geſchmack; und die ganze Welt hat ſich darüber vereiniget, daß er in den Werken der Alten herſcht, und daß man, um ihn zu erreichen, ſie nachahmen, oder ſo, wie ſie, ſelbſt Original werden mus. Alles, was der Natur entgegen iſt, gehört überhaupt zum falſchen, zum verderbten Geſchmack. Es gibt nur einen einzigen guten Geſchmack, und dieſes iſt der Geſchmack der Natur. Er iſt zugleich der richtige; das ſichere Gefühl, das uns das Schöne erkennen und wählen lehrt, und alles Unwarſcheinliche, Falſche, Erkünſtelte wahrnehmen und vermeiden läßt, und uns auf dem ebenen Pfade der Natur erhält, der zuverläſſige Wegweiſer, dem wir, ohne Furcht zu irren, folgen, und den wir ſo wenig bei der Beurtheilung fremder Werke, als bei eigenen Arbeiten, die auf den Beifal der Welt Anſpruch machen wollen, entbehren können. Dieſer gute und richtige Geſchmack wird von dem wahren Philoſophen gefordert. Die Empfindlichkeit und Feinheit des Geſchmacks, die mehr das Eigenthum des Dichters und des Kunſtrichters vom Range ſind, werden freilich seinen Werth erhöhen, wenn er so glücklich ist, sie mit seinen übrigen Talenten zu vereinigen. Allein diese Volkommenheiten des Geschmacks sind für den Weltweisen mehr entbehrlich, als die Richtigkeit. Mit jenen ist er mehr, als er zu sein pflegt, und mit dieser ist er nur das, was er sein sol.

Wenn wir nun aus diesen Erklärungen wissen, was der gute Geschmack ist; was ist denn die Philosophie, womit er sich vereinigen sol? Allein was wird zu dieser Frage nicht mancher finstere Schulweise sagen, und wie wird nicht sein ganzer Eifer entbrennen, wenn er hört, daß wir uns noch nach dem Begrif der Philosophie erkundigen? Wisset ihr noch nicht, wird er uns entgegen rufen, was Philosophie ist? Hier ist mein Compendium, hier mein Katheder; komt, ich will es euch lehren. Und was werden wir denn nun hören? Mit einer Miene, die uns eine wichtige Scene anzukündigen scheint, besteigt der Doctor der Weltweisheit, und aller sieben freien Künste Magister seinen hölzernen Thron, von welchem er über die Vernunft der jungen Welt zu tyrannisiren berufen ist, lehrt, was kein gesunder Verstand begreifen kan, und beweist, was noch kein Mensch bewiesen hat, häuft

häuft ein Chvos von leeren Sätzen und Meinungen zusammen numerirt, paraphrasirt, definirt, demonstrirt, distingirt, refutirt, und nent diesen Wust ein System, verhöhnt die nützliche Wahrheit, und das belehrende Gefühl der Menschheit, jauchzt über seine ungestalten Hirngeburten, und weihet sie mit dem geheiligten Nahmen der Philosophie ein. Hier wünscht der Liebhaber der Philosophie sich, nicht die Laune des Horaz, um zu lachen; nein, die Geissel des Juvenals, um zu strafen. Wenn Unsin, Verwirrung, ein Gewebe von wunderbaren Träumen der Einbildungskraft, und finstern Jdeen einer kranken Sele, ein wüstes Labyrinth von unnützen Sätzen und leeren Folgerungen, ein Gemisch von Thorheit und Unvernunft, unverständlich selbst dem Lehrer, unbrauchbar für das menschliche Leben, und schädlich dem gesunden Verstande, vorgetragen in einer barbarischen Sprache, mit einem unbiegsamen Hochmuth behauptet, und mit einem wütenden Geschrei vertheidigt, wenn, sage ich, dieses Philosophie sein sol; wer, der noch zu denken vermag, wird alsdenn noch Muth genug haben, sich als ihren Freund, als ihren Priester zu bekennen? Wenn jemals der Nahme einer Wissenschaft von

dem

dem gelehrten Pöbel entheiligt worden, so ist es der Nahme der Philosophie. Alle ungestalten Ausbrüche der Unvernunft, und des Aberwitzes, alle Thorheiten eines verrückten Gehirns, und einer schwärmenden Einbildungskraft, alles, was unter den Vorurtheilen des Ansehens, und des Alterthums am lächerlichsten ist, hat man mit diesem ehrwürdigen Nahmen belegt, und der gesunden Vernunft der Menschen aufdringen wollen. Verlangt man Beweise, so darf man nur in die meisten Compendien, und in die Geschichte der Secten schauen; man darf nur einige Zeit in dieser oder jener Schule ein Zuhörer gewesen sein. Was für aberwitzige Geschwätze von Männern, die zum öffentlichen Unterrichte vom Staate unterhalten werden, vor Jünglingen, deren Vernunft sie ausbilden, und zum richtigen Denken gewöhnen solten, in Zeiten, wo Witz, Geschmack und Anmuth sich mit den übrigen Wissenschaften auf eine freundschaftliche Art verbinden, und selbst die Philosophie unter den benachbarten Nationen in einer reitzenden Gestalt erscheint! Aber diese kennen unsre (Philosophen können wir sie nicht nennen) so genanten Doctores der Weltweisheit nicht. Ihre ganze Philosophie ist ein Heft vol Nonsense, sie ehemals nachgeschrieben, oder ein Compendium, das sie nicht verstehen, ein Schwal von unnützen Grübeleien, und gelehrter Unvernunft.

Sie fliehen Licht und Welt, und haschen Wunderdinge,
Nur nicht die Gabe der Vernunft.

Die Geschichte, die Stimme des menschlichen Gefühls, die ächten Quellen des Wahren achten sie nicht. Unbesorgt, die brauchbare Wahrheit aufzusuchen, und zu ihrer Kentnis den Verstand der Menschen zu schärfen, bleiben sie auf der Strasse ihrer Lehrer, und ihrer Compendien, fahren fort bis an ihr Ende der Vernunft zu trotzen, erwerben sich in ihrem Leben den Nahmen der — Dunse, und bei der Nachwelt — Vergessenheit. Ja, wenn die Einflüsse ihres Unterrichts auch eben so unbeträglich, eben so vergänglich wären, als es ihr Nahme ist; so könte man vielleicht noch in einem gelindern Thone von ihnen reden. Aber wie mancher gute Verstand ist nicht von ihnen in der Zeit verdorben, wo er eine glückliche Ausbildung zu erlangen hofte? Wie mancher Jüngling hat nicht in den Hörsälen unvermerkt die Richtung, die ihm die Natur zum gesunden Denken gegeben hatte, verlohren, ist ein Sclave des Systems und der

der Vorurtheile, ein trockner und wüster Kopf, vol thörichter und unbrauchbarer Schulsätze geworden, hat Jahre verschwendet, und nicht einen vernünftigen Aufsatz zu entwerfen gelernt? Ich führe keine Beyspiele an; wo sind sie nicht zu finden? Ich nenne keine Schule; wer weiß es nicht, wo noch in unsern Tagen so viele apocalyptische Schwärmer ausgebrütet worden?

Ist nun aber das, was wir angeführet haben, nicht Philosophie, so häuffig man ihm auch diesen ruhmvollen Nahmen beizulegen pflegt; wo sollen wir sie denn aufsuchen, wo ihren wahren Begrif finden? Wenn die Philosophie eine Wissenschaft sein soll, so mus sie einen Gegenstand haben, und dieser Gegenstand mus überhaupt etwas Wahres, Erhebliches, und Nützliches sein. Wird der vernünftige Mensch sich mit dem Gegentheil beschäftigen, ihm seine Zeit, seine Kräfte aufopfern dürfen? Also alles Falsche und Unrichtige, alles Nichtswürdige, alles Unnütze sei von der wahren Philosophie verbant! Wie werden nicht bei dieser Forderung die dicken Lehrbücher zusammenschrumpfen, und wo sol der Schwarm der leeren Sätze, der kindischen Wortkrämereien, der Spielwerke kleiner Geister,

und

und der abgeschmackten Grübeleien, einen Platz wieder finden? Wir wollen sie in dem Gebiete der Philosophie nicht länger dulden; sie mögen sehen, bei welcher Classe der Wissenschaften sie wieder eine Freistadt finden.

Gereinigt also von dem, was nicht zu ihr gehört, erscheine die Philosophie in ihrer wahren Gestalt, und in ihrem natürlichen Putze. Sie trete, befreit von dem albernen und gothischen Anzuge, befreit von dem prahlenden Flittergolde, womit man sie oft wie ein Marienbild behangen, befreit von iedem unanständigen und lächerlichen Aufputz, den sie oft von den Händen der Dumheit und des Aberwitzes annehmen müssen, trete sie in ihrer eigenen Schönheit hervor. Was sehen wir? Was ist nun die Philosophie? Die reitzende Lehrerin der Wahrheiten, welche die menschliche Vernunft aus sichern Gründen erkent. Alles, wovon der nachsinnende Verstand des Menschen etwas Beständiges erreicht, ohne dazu den Weg über die Zeugnisse zu nehmen, gehört in den Bezirk der Philosophie. Ihr Gegenstand ist das weite Feld alles desjenigen, welches die Vernunft blos durch ihre eigene Bemühungen erkennen kan; und bei dieser Erkentnis steigt sie über die gemeinen Einsichten

ten hinaus. Die Philosophie ist überhaupt die Wissenschaft des Wahren und des Guten, in so ferne der Mensch es durch seine eigene Kräfte erkent, und ausübt. Wie sie ihm den Weg zeigt, das Wahre zu finden, sich davon zu überzeugen, den Irthum zu entdecken und zu vermeiden, richtig zu denken und zu urtheilen, den Zusammenhang der Wahrheiten einzusehen, und dadurch seinen Verstand erhöhet; so lehrt sie ihn auch die Kentnis des Guten und des Bösen, mit den Bewegungsgründen, die ihn zu jenem treiben, und von diesem entfernen, und sorget dadurch für die Verbesserung seines Willens. Hier entspringen die bekandten Abtheilungen auf der algemeinen Charte der Philosophie; und hier eröfnet sich zugleich eine Aussicht in ihre Vortreflichkeit und in ihren Nutzen. Wer kan noch eine Wissenschaft gleichgültig ansehen, welche die Erhöhung und Veredelung unsrer Selenkräfte zur Absicht hat, die den Verstand auf das Wahre, und das Herz auf das Gute leitet, die mit der sitlichen Volkommenheit des Menschen in der genauesten Verbindung steht? Ich wil jezt der Philosophie keine Lobrede halten; wie viele haben das nicht vor mir gethan? Wer sie kent, weiß ihren Werth zu schätzen; und an ihren

ren Verächtern rächet sie sich durch das Zeugnis, das sie dadurch von ihrer eigenen Unwissenheit ablegen. Die Verachtung der wahren Philosophie ist nichts geringers, als die Verachtung der gesunden Vernunft.

Der gute Geschmack mus sich mit der Philosophie vereinigen; dies ist der vornehmste Grundsatz unsrer Betrachtungen, und die wichtige Forderung, die wir an alle Weltweisen thun. Philosophie und Geschmack in einem Bunde ist die Vereinigung des Wahren und des Schönen. Die Philosophie erfinde, beweise, und verbinde die erkanten Wahrheiten in ein Ganzes; der gute Geschmack gebe ihnen das Schöne, dessen sie fähig sind, und bekleide sie mit allem Reitze, wodurch der höchste Grad des sinlichen Wohlgefallens erwecket wird. Die Philosophie sorge für die Richtigkeit ihrer Lehrsätze, und befestige sie mit Vernunftschlüssen; der gute Geschmack sei auf ihrer Auszierung bedacht, und leihe ihnen allen gefälligen Schmuck, den die schönen Wissenschaften und Künste zu bilden vermögen. Philosophie und guter Geschmack sollen immer so wohl bei der Anordnung und Verbindung der Wahrheiten, als auch bei der Einrichtung ihres Vortrags in einer
glück=

glücklichen Harmonie stehen; nie trenne sich das gefällige Schöne von dem nützlichen Wahren.

Omne tulit punctum, qui miscuit utile dulci.

Wer die Gerechtigkeit dieser Forderungen einsehen wil, der betrachte die Gestalt, welche die Philosophie gewint, und den Nutzen, den sie stiftet, wenn sich mit ihr der gute Geschmack verbindet. Dieser fordert alles zu ihrem Dienste auf, was er in dem ganzen Gebiete der schönen Künste und Wissenschaften für ihre Ausschmückung findet. Er urtheilt, was ihr anständig, und was ihrer würdig ist, sieht, was ihr gehört, und was von ihr entfernt werden mus, welchen Schmuck sie zuläßt, und wo er angeleget werden mus, und führt sie dann in einem erhöheten Reitz auf den Schauplatz vor das Angesicht der Menschen, in der Stellung, worin sie der Welt gefallen kan. Die ernsthafte Miene der Philosophie heitert sich bey ihrer Verbindung mit den Grazien auf; und wen sie vielleicht vorher kaum rührte, den bezaubert sie, so bald er sie in dieser Gestalt erblickt. Lernt was der gute Geschmack für die Philosophie thun kan; dann werdet ihr nicht länger zweifeln, was er für sie thun müsse.

Das

Das Gebiete der Philosophie, worin die gesunde Vernunft herscht, darf keinem verwilderten Lande gleichen; sie hat so gut ihre Gesetze, als eine weise Regierung. Man nehme, welchen Theil der Philosophie man wil, so mus er eine geschickte Anordnung, und Verbindung aller einzelnen Glieder haben, welche zusammen das Ganze ausmachen. Ohne diese Tugend ist er ein Chaos, und verliehrt das Recht des Anspruchs auf den Nahmen eines guten Lehrgebäudes. Die einzelnen Sätze, Beweise, und Folgerungen müssen also zusammenhängen, in einander gegründet sein, und aus einander fließen; nicht wilkührlich auf einander gehäuft, oder unter sich verwebt, sondern so geordnet und gestelt, wie sie durch eine natürliche Folge der Ideen gedacht werden. Daher ein System, und zwar ein System der Vernunft, das, gleich der Sonne, sein eigenes Licht in sich selbst hat. Die Lehrsätze der Weltweisheit sind eben dieselben, die sie immer gewesen; nur daß einige schöpferische Geister sie in den neuern Zeiten mit verschiedenen wichtigen Erfindungen bereichert haben. Aber ihre Verbindungen unter einander, und die Beweisarten weichen oft von dem Wege ab, den die Vorfahren betreten haben. Fast ein jeder

jeder guter Kopf, der sich mit der Bearbeitung der philosophischen Wissenschaften befaßt, behandelt sie nach einem andern Plane, als seine Vorgänger gehabt, und gibt den Theilen eine andere Stellung und eine andere Verknüpfung, nach der ihm eigenen, von andern unterschiedenen, Art, sich seine Ideen zu bilden und zu ordnen. Wer kan es leugnen, daß die Kunst der Anordnung und Verbindung in den Lehren der Weltweisheit unter den Philosophen verschieden ist, und daß der eine sie mehr, der andere weniger versteht? Und wer weiß es nicht, daß davon zum Theil der Werth der Behandlung selbst bestimmet wird, und daß die Deutlichkeit und Gründlichkeit, so unentbehrliche Eigenschaften, bei der Stellung und Verbindung der Säze entweder gewinnen, oder verliehren? Wil man Beispiele haben, so wird man sie bei der Vergleichung einiger philosophischer Lehrbücher finden. Aber wer lehret den Weltweisen die natürliche Anlegung des Entwurfs zur Behandlung der Philosophie, die geschikte Stellung der verschiedenen Theile, die das Ganze bilden sollen, die harmonische Verbindung derselben unter einander, wer lehrt ihn diese Kunst, sein Lehrgebäude regelmäßig aufzurichten, und ihm Ordnung und Licht zu

B ge=

geben? Nicht blos die natürliche Anlage, oder die Fertigkeit, richtig zu denken, nicht blos ein gewisses Maas von Scharfsin; auch der gute Geschmack hat an diesem Verdienste des Philosophen einen Antheil. Der Geschmack erweiset sich als einen treuen Wegweiser in dem Gebiete des Sinlichen, wie der Scharfsin in dem Bezirk des Vernünftigen, oder dessen, was von der Vernunft erkant und ausgemacht wird; er ist ein zuverläßiger Gehülfe in Anordnung der Lehrsätze, ein kluger dem Verstande untergeordneter Richter, der das, was jener beschließt, mehr bestimt, und auf eine gefällige Art anwendet. Er begleitet den nachsinnenden Geist des Philosophen auf seiner Bahn, macht ihn bei iedem Schritte, auf die Stimme der Empfindung aufmerksam, zeigt ihm den Pfad der Natur, den er nicht verlassen mus, und die oft unbemerkten Gefahren der Abirrung, die er zu scheuen hat, und gewöhnet ihn an, vor dem künstlichen Labyrinth der Systeme vorbei seinen eigenen Weg zu gehen, und aus sich selbst seine Ideen zu schaffen, der Natur der Dinge, und den Bedürfnissen der Zeit angemessen.

Hier äussert bei der Anordnung und Verbindung in den Theilen der Philosophie der gute Geschmack

schmack zugleich ein neues Verdienst; und dis betrift die Bestimmung der Brauchbarkeit oder Unbrauchbarkeit der Materien, welche in den verschiedenen Fächern der Weltweisheit vorkommen. Es gibt, wer weis es nicht? in den Theilen der Philosophie, und mehr in den theoretischen als practischen, eine Menge von angenommenen Sätzen und Meinungen, die keinen merklichen Einflus in die Verbesserung des Verstandes, in die Erfindung der Wahrheit, und in die sitliche Volkommenheit des Menschen haben; die Beurtheilung, ob, und in wie ferne sie nützlich oder unnütze sind, gehört gröstentheils vor den Richterstuhl des Geschmacks. Wie viele Meinungen, Fragen, Auflösungen, Einwürfe, Wiederlegungen finden sich nicht in den Schriften, welche die Vernunftlehre und die Metaphysic betreffen, die nichts mehr, als eine unfruchtbare Last des Gedächtnisses sind, mehr erdacht, den Geist zu verwirren, als ihn aufzuklären, die ihn von der brauchbaren Wahrheit entfernen, und ihm almählich ein Wohlgefallen an leeren Spitzfindigkeiten, eine gefährliche Krankheit der Sele, beibringen? Warum sollen wir das mühsam lernen, was wir nicht brauchen können, das zu beweisen suchen, was nicht bewiesen werden kan, und das behaupten, was jeder gesunde Verstand verwirft? Mit wie vielen unnützen Grübeleien werden nicht nach der gewöhnlichen Schulmethode die Köpfe der Jünglinge belastet, die sich in den Hörsälen versamlen, um Philosophie zu lernen, sich im Denken zu bilden, und einen Schatz von Wahrheiten zu sammeln, die sie einst in den Geschäften der Welt brauchen wollen? Und was enthalten so viele Lehrbücher, die mit stolzen Aufschriften von gründlichen, vernünftigen, systematischen, methodischen Anweisungen prahlen, oft anders, als einen Wust von leeren Speculationen, unter welchen seltner, als ein Stern in der nebelvollen Winternacht, ein gesunder Gedanke, ein nützlicher Lehrsatz hervorschimmert? Wer sol hier die Ehre der Philolophie retten, und sie aus den Händen des Aberwitzes, und der Barbarei reissen, wenn es nicht der gute Geschmack thut? Dieser verrichte sein Amt, und das Gebiete der Philosophie wird von allen Unbrauchbaren gereiniget sein. Er bemerkt, was in den Lehren, die zur Philosophie gerechnet werden, auf den Menschen eine nahe oder entfernte Beziehung hat, was in die Aufklärung seines Verstandes in seine Schärfung zur Erfindung der Wahrheit, und zur

Ein-

Einsicht in sie, was in die Veredelung seines Herzens, in die Verherschung seiner Begierden, in seine Ruhe, in seine Zufriedenheit einen Einflus hat, was ihn innerlich in den Kräften der Sele, und auch seinen äussern Zustand volkommen machen kan; er bemerkt, was für das Zeitalter, für das Volk, für jede Klasse von Menschen, für die Situation des Staats nützlich ist, und was es nicht ist, unter welchen Umständen und Einschränkungen es nützlich ist, und es nicht ist. Unter diesen Beobachtungen und Beurtheilungen bilden sich seine Gesetze, denen er zu folgen hat; er erkent seine Regeln, und gleich ist er beschäftigt, nach ihnen zu handeln, und er handelt sicher, weil er den Weg geht, den ihm die Natur der Dinge zeigt. Mit dem Vorsatz, nur das Brauchbare zu wählen, und mit einer sich immer gegenwärtigen Aufmerksamkeit und Beurtheilung, hilft er dem Verstande, die eigenen Entwürfe bearbeiten; oder geht in die verschiedenen Lehrgebäude anderer hinein, bemerkt, prüfet, unterscheidet da, wo andere es nicht konten, verwirft, und behält, und bleibt immer seinem Berufe getreu. Durch diese Absonderung des Nützlichen und des Unnützen, des Brauchbaren und des Unbrauchbaren, die der gute Geschmack

ſchmack in dem Felde der Philoſophie vornimt, wird ſie das, was ſie ſein ſol. Sie wird von allen den fremden Zuſätzen, womit die Barbarei der Zeiten ſie beſchweret hatte, befreit, und ſie empfängt ihre urſprünglichen Reitze wieder. Sie wird ihrer würdigen Beſtimmung näher gebracht, nehmlich eine Lehrerin des menſchlichen Geſchlechts zu ſein. Sie wird wieder Freunde und Verehrer gewinnen, die ſie nicht haben konte, als ſie ſich unter den leeren Spitzfindigkeiten und Grübeleien in einer ſo häßlichen Geſtalt zeigte. Gewis wenn die Philoſophie verachtet ward, ſo geſchahe es da, wo man ſie in einem ganz anderen Aufzuge erſcheinen ließ, als ihr eigenthümlich iſt. Man ſahe nicht die wahre Philoſophie, als man ſie verachtete. Es war gerade das Gegenbild von ihr, das man falſch unter ihrem Nahmen aufſtelte; die Schulen ſchrieen: ſeht da die Philoſophie! Man erblickte die häßliche Erſcheinung; und wie konte ſie gefallen? Die Zeit rächte die Betrügereien der Sophiſten; die Verachtung fiel auf ſie ſelbſt zurück, ſo bald man erkannte, daß ſie etwas für Philoſophie ausgegeben, was es nicht war.

Wenn wir hier einen Blick auf unſre Zeiten werfen, ſo ſehen wir, daß der gute Geſchmack in der Reinigung der Philosophie nicht müssig gewesen ist. Leibnitz, Wolff, Baumgarten, und sein Nacharbeiter, Meier, haben ausser andern Verdiensten auch dieses, daß sie so vieles Unnütze und Unbrauchbare, womit sonst die Lehrbücher beladen waren, herausgeworfen, und die Philosophie nicht nur geordnet, sondern sie auch gesäubert haben. Viel ist freilich gethan, wenn wir unsre Zeiten mit denen vergleichen, die vor ihr hergingen; ob noch mehr gethan werden könne, daran wird wohl nicht gezweifelt. Allein was helfen alle Bemühungen, die von dieser Seite der gute Geschmack schon gehabt hat? Finden denn würdige Vorgänger auch immer Nachfolger? Wissen denn nun unsre Doctores der Weltweisheit, was sie lehren sollen, und was sie nicht lehren sollen? Haben sie alle selbst Geschmack genung, oder nur so viel Aufmerksamkeit auf Vorspiele, um zu erkennen, was im Vortrag und im Lehrbuch verworfen werden, und was beibehalten werden mus? Sondern sie immer nach sichern Grundsätzen das Unbrauchbare von dem Brauchbaren ab? Und richten sie den Vortrag der Philosophie ihrer Bestimmung, und den Bedürfnissen der Zeit und der Menschen gemäß genung ein! Man wird sich diese Fragen leicht selbst

selbst beantworten, wenn man weiß, was noch auf mancher Universität gelehret wird, und welche Schriften wir noch oft daher erhalten.

Hier läßt es sich nicht angenehm verweilen; ich eile wieder in den Weg unsrer Betrachtungen hinein. Die Verrichtungen des guten Geschmacks in der Philosophie, die wir bisher gesehen haben, betrafen innere Geschäfte, geschickte Anordnung, und kluge Absonderung des Unbrauchbaren, Geschäfte, worin der Geschmack dem Scharfsinn eine freundschaftliche Hülfe leistet. Jetzt kommen wir auf das, was er bei dem Vortrage philosophischer Lehren zu thun hat. Die Philosophie muß nicht blos als ein Gegenstand der Wißbegierde angesehen werden; sie sol dem Menschen eine Lehrerin der Weisheit, Klugheit und Tugend werden, die ihn in die Geschäfte des Lebens begleitet, nicht blos den müssigen Gelehrten auf seiner Studierstube beschäftigen, sondern im Staate und im bürgerlichen Leben Einsicht, Ordnung, Wohlstand, Ruhe, und diejenigen Gattungen der Volkommenheit ausbreiten, die sie bei ihrer besten Einrichtung hervorzubringen fähig ist. Ist zu diesem grossen Zwecke der Weg der tiefsinnigen Demonstration wohl bequem genung? Wie viel Menschen

gibt

gibt es wohl, die durch Natur und Erziehung fähig genung gebildet wären, sich mit der Demonstration zu begnügen? Für ihre Tiefe sind die meisten Köpfe zu seichte. Die Ueberzeugung ist zwar eine starke Triebfeder; aber die Ueberredung ist mehr den Fähigkeiten der meisten Menschen angemessen. Daher entsteht für den Philosophen das Gesetz, daß er nicht nur überzeugen, sondern auch rühren, nicht blos den Verstand zur Einsicht in die Wahrheit schärfen, sondern auch dieser Einsicht ein gewisses Leben mittheilen sol. Die Absicht der Philosophie geht nicht nur auf die Entdeckung des Wahren, sondern auch auf die Liebe des Guten, nicht nur den Geist aufzuheitern, sondern auch das Herz zu veredeln. Die wahre Philosophie, die dieses Ziel erreichen wil, mus also nicht blos mit den obern Kräften der Sele sich beschäftigen, sondern auch mit den untern, nicht blos für die Richtigkeit und Gewisheit ihrer Lehren sorgen, sondern ihnen auch das geben, wodurch sie bewegen und gefallen. Und dis erhält sie von der Hülfe des guten Geschmacks. Er, der die richtige Stellung der Wahrheiten, und die Auswahl des Nützlichen besorgen half, er beschäftiget sich auch, ihren Vortrag verständlich, edel, erhaben,

rüh-

rührend und gefällig einzurichten, und alles, was die Sprache, die Beredsamkeit, die Geschichte, und die schönen Künste Vortrefliches haben, zum Dienste der Philosophie herbeizuführen. Laßt uns seine Verrichtungen sehen, die sich hier in verschiedene Zweige theilen.

Wir fangen von der Wahl des Ausdrucks im mündlichen und schriftlichen Vortrage an; und wer wird es leugnen, daß dieser vom guten Geschmack bestimmet werden müsse? Es ist nicht genung, richtig zu denken; man mus auch die Kunst wissen, sich verständlich auszudrucken. Jeder Gedanke mus das Kleid haben, worin man ihn gleich für das erkennt, was er ist. Ohne die Gabe des deutlichen und richtigen Ausdrucks ist alle Wissenschaft ein todter Schatz, und eine verlegene Waare, die ihr Besitzer (um mich einer Redensart des gemeinen Lebens zu bedienen) nicht an den Mann bringen kan. Der Lehrer der Philosophie bediene sich also solcher Wörter, und solcher Zusammenfügungen, wodurch der Gedanke so, wie er sich ihn bildet, sichtbar wird; ein bekandtes, aber ein oft übertretenes Gesetz! Wie viel gewinnen nicht die tiefsinnigsten Sätze, durch das Verständliche, Deutliche, und Leichte der Ausdrücke, worin

sie

sie vorgetragen werden? Daher lehre und schreibe der Philosoph nicht nur in der Sprache, der er selbst am meisten mächtig ist, und die diejenigen, für welche er beschäftiget ist, am leichtesten verstehen, er enthalte sich nicht nur aller fremden, räzelhaften, mystischen und dunkeln Ausdrücke, die erst einer Erklärung bedürfen; sondern er verbinde auch mit den Wörtern keine andern Begriffe, als ein jeder gesunder und vernünftiger Kopf nach dem eingeführten Sprachgebrauch damit zu verknüpfen pflegt. Hier mögen unsre Schulweisen selbst an ihre Thorheiten denken. Ich verwerfe die so genanten Kunstwörter in der Philosophie überhaupt betrachtet nicht; sie sind zum Theil unvermeidlich, zum Theil bequem, wenigstens für die Professionsverständigen. Aber solte man sie nicht verringern? Dadurch würden vielleicht mehr brauchbare Wahrheiten an die Stelle leerer Worte treten. Und solte man sie nicht wenigstens in den Schriften vermeiden, die für die grosse Welt, für Höfe und für Hütten bestimmet sind? Dadurch würde die Philosophie das misfällige pedantische Ansehen verliehren, verstanden, und geliebt werden. Und wie viele Zänkereien würden nicht unterblieben seyn, wenn

die

die Philosophen, anstat sich einer eigenen mystischen Sprache zu bedienen, die algemein verständliche Sprache der Welt gebraucht hätten? Wie oft haben sie sich nicht wie Gellerts Nachtwächter über Worte geschimpft, gehaßt und verfolgt, weil einer sich besser auszudrücken glaubte, als der andere? Und wer weiß, ob nicht manche, wenn sie sich nahe genung gewesen wären, sich so gar wie Wielands Philosophen in einer ähnlichen Stellung würden gezeigt haben,

die der Philosophie nicht alzurühmlich war? Doch ich wil ja keine Geschichte der Philosophen schreiben; warum erwähne ich denn dieser Thorheiten? Ich kehre wieder zu meiner ernsthaften Betrachtung. Wenn gleich die Richtigkeit und Deutlichkeit des Ausdrucks ein grosses Verdienst ist, das der gute Geschmack sich um die Philosophie erwerben sol; so ist es noch nicht alles, was er von dieser Seite thun kan. Er muß dem Philosophen auch die übrigen Schätze der Sprache, und des Ausdrucks zuführen. Der richtige und deutliche Ausdruck erheitert zwar; aber er ist ein Licht, das nur erleuchtet, nicht erwärmet. Der Adel und das Erhabene des Ausdrucks hingegen erhebt, die Stärke und der Nachdruck bewegt

wegt und rührt, und die Zierlichkeit und Schönheit desselben nimt ein, und bezaubert. Wie viel Hülfsmittel erhält dadurch nicht der Philosoph für sich, und wie verdient macht sich nicht der gute Geschmack um ihn, wenn er sie ihm verschaft? Allein es ist eine grössere Tugend des Philosophen, diese verschiedenen Eigenschaften des Ausdrucks nach den Vorschriften des Geschmacks recht gebrauchen zu wissen, als sie zu besitzen. Nicht wenig Empfindung, Belesenheit, und Erfahrung gehört darzu, immer die Gattung des Ausdrucks zu wählen, und anzuwenden, die der Natur der Sache angemessen ist. Algemeine Regeln lassen sich genung geben, und sind genung gegeben worden; aber in ihrer Anwendung auf einzelne Fälle zeigt sich erst der gesunde, und der erfahrne Geschmack. Um diesen zum Vortheil der Philosophie zu bilden, ist es nicht genung, sich mit den Meisterstücken der Alten bekandt zu machen, und in ihnen den Adel, den Nachdruck, die Schönheit und den Wohlklang der Sprache überhaupt verstehen zu lernen; nicht genung, zu wissen, wo jede Gattung des Ausdrucks statt finden könne, und wo sie entfernt werden müsse, wo sie unentbehrlich sei, wo sie gemindert, oder mit andern gemischt, oder in

ihrer

ihrer ganzen Stärke angebracht werden müsse: sondern man muß auch die Natur seiner Muttersprache studiert, oft selbst Uebungen in ihr angestelt, oft scharffinnige Kenner zu Richter angenommen, oft gegen die besten Werke seine Versuche gehalten, oft geprüft, gewählt, verworfen, oft auf die Stimme der Empfindung, und selbst auf die Stimme des Volks gemerkt haben, ehe man sich überreden kan, genung unterrichtet zu sein, um sich leicht, anständig, mänlich, edel, reich, stark und gefällig auszudrücken. So wichtig diese Einsicht in das Innere der Sprache, und die Vertraulichkeit mit ihren geheimen Schätzen für die Bearbeitung der Philosophie ist; so sehr ist sie auch ein Werk einer guten Erziehung, des fleissigen Nachdenkens, und der Uebung. Da der Dichter die Sprache für die Poesie studiert; solte denn dis der Weltweise nicht mit eben so vielem Rechte für die Philosophie thun? Und da man die Sprache der Dichtkunst nach sichern Regeln bestimt hat; solte man denn nicht eben so wohl darauf bedacht sein, eine ächte Sprache für die Philosophie festzusetzen? Und, um noch eins zu erinnern, solte nicht ein jeder, der sich der Philosophie widmet, nach dem Beispiel der Römer

mer, die ausländischen Sprachen sorgfältig studieren, nicht nur darin zu schreiben, sondern um durch den ihnen eignen Geist seine Muttersprache zu bereichern, und zu beleben, ihnen mehr Genauigkeit, mehr Stärke, mehr Anmut, mehr Feinheit, mehr Harmonie, mehr Mannigfaltigkeit an Wendungen abzulernen? Wie viel kann nicht der gute Geschmack, begleitet von Genie, Fleiß, Beobachtung, und Kritic zum Vortheil der Philosophie thun? Ich habe nichts von der Reinigkeit der Sprache gesagt, weil ich sie bei iedem guten Lehrer und Schriftsteller voraussetze.

Ganz natürlich werde ich durch diese Betrachtungen auf die Beredsamkeit geleitet, welche der gute Geschmack mit der Philosophie vereiniget; das gelehrte Studium der Sprache, dessen ich eben gedacht, war eine Vorbereitung dazu. Es mag sein, daß die Philosophie nicht immer die Beredsamkeit verträgt, und ich fordere es auch nicht, sie ohne alle Einschränkung in ihren Sold zu nehmen. Es gibt gewisse Wahrheiten, von denen man sich durch die Demonstration versichern muß, und es gibt gewisse Köpfe, die diese mehr, als die ganze Zauberkunst der Suada lieben. Vielleicht, und warum vielleicht? gewiß sind manche Lehrsätze,

als

als solche betrachtet, auch nicht leicht eines beredten Vortrages fahig; es geht wenigstens eine grosse Verwandelung vor, wenn die abgesonderten Begriffe in der Metaphysic auf einzelne Fälle zurückgeführt werden sollen. Allein für die Wahrheiten der Sittenlehre besonders, wovon die todte Erkentnis zum Leben erweckt werden mus, und wobei die sinliche Ueberredung den Fähigkeiten der meisten Menschen in ihren verschiedenen Classen allemal angemessener ist, als die wissenschaftliche Ueberzeugung, ist die Beredsamkeit fast unentbehrlich. Sie braucht, indem sie die Philosophie empfiehlt, nicht immer ihre ganze römische Pracht und Feierlichkeit anzunehmen; genung, wenn sie in einem mänlichernsthaften Aufzug erscheint, und mit einem Anstand, wodurch sie erweckt, einnimt, und gefält. Die Beredsamkeit hat nicht nur das Verdienst, daß sie zur Aufnahme der Wahrheiten der Philosophie eine Menge neuer Bewegungsgründe herbeiführt; sondern sie gibt auch allen Triebfedern eine stärkere Spannung, indem sie die Gegenstände den Sinnen vorstellet, die Erkentnis anschauend macht, und die untern Selenkräfte in Bewegung setzt. Alles also, was die Beredsamkeit zu ihrem Dienste hat, die Menge und Mannigfaltigkeit der Bilder, Gleichnisse und Beschreibungen, den Reichthum lebhafter, feiner, reitzender, starker, kühner und erhabener Ausdrücke, den Vorrath der Figuren, alle Maschinen und Springfeder, die etwas zur Ueberredung beitragen können, alle Hülfsmittel der Kunst, die Gegenstände vorzustellen, das Ohr zu täuschen, die Einbildungskraft zu beleben, die Leidenschaften zu erregen, dis alles wird der Philosoph zur wohlthätigen Ausbreitung seiner Wissenschaft nicht nur kennen lernen, sondern auch nach den sichern Regeln des Geschmacks allemal mit Klugheit, auf die beste, seinen Absichten angemessene, Art zu gebrauchen wissen. Wie siegreich wird nicht die Wahrheit an der Hand der Beredsamkeit? Und selbst diejenigen Forderungen der Moral, welchen der Mensch nicht gerne sein Ohr zu gönnen pflegt, wie einschmeichelnd können sie nicht werden, wenn sie der Philosoph mit gutem Geschmack einzukleiden weiß? Die reine, anständige, und edle Sprache, der richtige, der Natur der Sache immer getreuer Ausdruck, der gute Thon, so wie er in der feinen Geselschaft herscht, das Starke, das Rührende, das Einschmeichelnde, das Genie und Kunst einem Vortrag zu seiner Verschönerung zu geben fähig

C sind

sind, kurz, der Geschmack bringt die Philosophie in die grosse Welt, und an die Höfe, dahin, wohin sie ohne ihn nie kommen würde: und diese Ausbreitung der wahren Philosophie was für ein Verdienst ist sie nicht um das menschliche Geschlecht! Wolt ihr gelesen werden, so schreibt, daß ihr verstanden werdet, und daß ihr gefallet. Wer mag euch lesen, ihr finstern Köpfe? Wer verstehet eure barbarische und fürchterliche Sprache, die nie die Sprache der Welt gewesen ist? Und wer kan den unnatürlichen, gezwungenen, und oft ungesitteten Thon ertragen, der so oft in eben den Schriften herscht, worin ihr Vernunft und Tugend lehren wolt? Wenn ihr nicht menschlich denken, und nicht menschlich reden lernen wolt, so macht auf keinen Anspruch, am Hofe, in der feinen Geselschaft, von dem schönen Geschlecht, und von dem vernünftigen Hörer gelesen zu werden; und seid nur stolz, eure unmenschlichen Hirngeburten den Würmern, und der Vergessenheit zu widmen.

Wir kommen auf die Geschichte, deren Verbindung mit der Philosophie nicht weniger ein Geschäfte des guten Geschmacks ist. In der That nichts verbreitet über die Wahrheiten der Vernunft mehr Licht und Glanz, nichts gibt ihnen mehr Leben,

ben, nichts macht sie für die Menschheit interessanter und würksamer, als ein kluger Gebrauch der Geschichte. Die algemeinen Grundsätze verwandeln sich in Beispiele. Wir sehen die abgesonderten Begriffe auf wahre Begebenheiten angewandt. Wir erkennen, welche Folgen, und welchen Nutzen die algemeinen Gesetze der Natur in einzelnen Fällen haben, lernen ihren Gebrauch, lernen aber auch an fremden Gefahren Vorsichtigkeit und Klugheit für uns selbst. Wir fühlen einen mächtigen Eindruck, der das Gute, oder das Grosse des Beispiels auf uns macht. Das innere moralische Gefühl wird aus seinem Schlummer geweckt. Die Leidenschaften lodern auf. Wir fangen an zu lieben und zu bewundern. Wir empfinden eine edle Wollust in dem Anschauen, und ein feuriges Verlangen zur Nachahmung. Wir sind nicht mehr die kalten Verehrer der Tugend; nein, wir sind von ihr gerührt, erhitzt, ganz erfült. Und mindert sich gleich das Feuer, so bleibt doch eine gewisse Nahrung für den Geschmack an dem Guten und Edlen zurück, die vielleicht ohne diese Begeisterung nicht da wäre. Die stillere Empfindung geht in Betrachtungen und Entschliessungen über, und die sittlichen Grundsätze werden almählich stär-

ker,

ker, belebter, und würkſamer zum Ausbruch, zur Handlung. Sind dis die Würkungen, welche das Beiſpiel hervorbringt; ſo hat der Philoſoph nicht nur die Erlaubnis, ſondern auch die Verbindlichkeit, mit der Wahrheit die Geſchichte zu verbinden. Die Art, wie er beide verknüpfen ſol, zeigt ihm der gute Geſchmack. Dieſer lehrt ihn eine kluge Wahl beobachten, immer das Schickliche, das Anpaſſende ausſuchen, und das Widerſpiel vermeiden, ſich nicht begnügen, überhaupt Beiſpiele und wahre Begebenheiten herbeizuführen, ſondern ſolche, die zu jeder beſondern Abſicht die beſten ſind, ſie an den Ort, und auf die Art ſtellen, wodurch ſie am leichteſten die gehofte Wirkung hervorbringen, und ihnen das Maaß des Lichtes und der Ausbildung geben, deſſen ſie bedürfen. Eine ſchwere Kunſt! Wie viel Kentnis, Erfahrung und Geſchmack erfordert ſie nicht? Aber um alle Vortheile für die Wahrheit zu gewinnen; ſo ſtudire der Philoſoph nicht nur die Geſchichte in ihren Quellen, er ſtudire ſie nicht nur mit einem anhaltenden und ſcharfen Beobachtungsgeiſte, ſondern er ſtudire auch in ſich ſelbſt, und in andern den Menſchen. Nöthig iſt dem Arzt die genaue Kentnis des menſchlichen Körpers in ſeinem Bau, in allen ſeinen Theilen,

in

in seiner ganzen Einrichtung; eben so nöthig ist dem Philosophen eine tiefe Einsicht in die Natur der Sele, und diese lernt er nicht nur aus der Betrachtung der todten, er lernt sie auch aus der Beobachtung der lebenden Welt. Wie vieles Kentniß der verschiedenen Fähigkeiten, Kräfte des Verstandes, Vorstellungsarten, Leidenschaften, Begierden des Menschen, der verschiedenen Gegenstände, die sie haben, der verschiedenen Quellen, wodurch sie genähret werden, der verschiedenen Grade, worin sie sich zeigen, der verschiedenen Gestalten, worunter sie erscheinen, der verschiedenen Würkungen, die sie hervorbringen, wie vieles Kentnis der ganzen Oeconomie der menschlichen Sele bedarf nicht der Philosoph, der für den Menschen lehrt, und schreibt, ihn unterrichten, ihn bessern wil? Gewis hiezu gehöret mehr, als ein Paar Jahre in die Hörsäle gegangen sein, nachgeschrieben haben, und dann mit dem Heft in der Hand den Katheder besteigen; mehr, als Aufmerksamkeit und Fleiß, das zu fassen, was in den Systemen vorkomt. Hier wird die seltne Gabe des Beobachtungsgeistes erfordert, vieles scharfsichtige Umherschauen unter den Menschen, ein langer Umgang mit der grossen Welt, und der Geschichte, nicht blos Gelegenheit, die geistige und sitliche Seite der menschlichen Natur unter ihren mannigfaltigen Gestalten kennen zu lernen, auch anhaltender Vorsatz, auch unverrückte Stetigkeit des Geistes. Wie schwer ist es nicht, ein Philosoph für die Menschen, und wie leicht, ein Philosoph für die Schulen zu sein?

Wenn die schönen Künste zum Behuf der Philosophie dienen, so ist es vornehmlich in der Sittenlehre, wo sie ihren Einfluß äussern. Die Schönheit, sagt Herr Moses, ist eine eigenmächtige Beherscherin aller unsrer Empfindungen, der Grund von allen unsern natürlichen Trieben, und der beselende Geist, der die speculative Erkenntnis der Wahrheit in Empfindungen verwandelt, und zu thätiger Entschliessung anfeuert. Sie bezaubert uns in der Natur, und das Genie hat sie in den Werken der Kunst mit glücklichem Erfolge nachzubilden gewußt. Die Schönheit in Figuren, und in Thönen bringen durch verschiedene Sinne in unsre Sele ein, und beherschen alle ihre Neigungen. Sie können uns nach ihrem Belieben bald fröhlich machen, bald betrüben. Sie können unsre Leidenschaften erregen, und wieder besänftigen, und wir schmiegen uns willig unter die

die Gewalt des Künstlers, der uns hoffen, fürchten, zürnen, besänftigt sein, lachen, und wieder Thränen vergiessen läßt." Gilt dieses Urtheil von den schönen Künsten überhaupt, so gilt es vorzüglich von der Mahlerei, und Bildhauerkunst, und ihr Nutzen ist sichtbar, wenn sie von dem Künstler nicht zu unedlen Zwecken gemisbraucht werden." Sie zeigen uns, sagt eben der Philosoph, der für mich geredet hat, die Regeln der Sittenlehre in erdichteten, und durch die Kunst verschönerten Beispielen, wodurch die Erkenntniß belebt, und jede trockne Wahrheit in eine feurige, und sinliche Anschauung verwandelt wird." Die Bildhauer und Mahler haben nach dem Geständnis eines andern Kenners, des Aristoteles, in der Bildung menschlicher Sitten eine kürzere und kräftigere Lehrart, als die Weltweisen. Nicht nur wird der moralische Geschmack durch das Anschauen der guten, edlen, und heroischen Gesinnungen, welche die schönen Künste ausdrücken, belebt und verfeinert; er wird auch durch die Kunst, wodurch sie ausgedrückt werden, erhöhet. Denn die Wahrnehmung des Schönen, des Anständigen, des Feinen, des Regelmässigen, das in den Meisterstücken der Kunst herscht, erweckt ein Wohlgefallen. Dieses oft

C 4. ein=

empfundene Wohlgefallen wird almählich zur Gewohnheit, zur andern Natur. Es schränkt sich nicht blos in dem Bezirke der Künste ein; es äussert sich überal, wo Ordnung, und Uebereinstimmung ist. Die Fertigkeit der Sele, das Schöne in den Werken der Kunst zu empfinden, wird zugleich eine Fertigkeit, es in den Sitten zu empfinden. Daher der moralische Geschmack, der sich dazu durch das fleissige Studium der schönen Künste bildet, und der diesen Namen erhält, in so ferne er das sittliche Schöne zum Gegenstand hat. Er gewinnt nicht nur einen Einfluß in unsre Art zu denken, sondern auch in unsre Gespräche, in unsre Handlungen, in unsern ganzen sitlichen Charakter. Er gibt zwar nicht die Tugend selbst; aber er gehört unter ihre Hülfsmittel. Er verfeinert, verschönert sie, macht sie gefälliger, und legt der Art, sie auszuüben, einen Reiz und eine Anmuth bei, die sie nie ohne ihn haben würde. Dieser durch die schönen Künste genährter Geschmack wird der Philosophie ein wichtiger Gehülfe sein. Er wird dem Vortrag der Tugendlehre mehr Leben, mehr Heiterkeit mittheilen; er wird ihn nicht nur selbst die sitliche Schönheit empfinden lassen, sondern ihn auch geschickt machen, die Empfindung in andern

auf-

aufzuwecken. — Was für einen beneidenswerthen Vorzug hatten nicht die Philosophen des Alterthums vor den unsrigen, indem sie täglich die prächtigsten Meisterstücke der Kunst vor sich sahen, unter ihrem beständigen Anschauen erwuchsen und lebten, und in dem Schooße ihres Vaterlandes eine ganze Fülle der Nahrung für den Geschmack fanden.

Dieser mit der Philosophie vereinigte gute Geschmack herscht daher auch vorzüglich in den Schriften der Alten, und wenn einige Männer ihn erreicht, oder sich ihm genähert haben, so ist es mehr oder weniger durch die Hülfe der Nachahmung geschehen. Wenn man solche Muster vor sich hat, so ist es freilich schwer, ihnen gleich zu werden; aber man erblickt doch nicht nur die Höhe, zu welcher die Philosophie emporsteigen kan, man sieht auch den Weg, welchen jene grosse Vorgänger genommen haben. Und ist dieses nicht schon für uns Vortheil genug? Sie hatten freilich auch manche Hülfsmittel, die ihnen ihre Zeit anbot, und die so oft den nachfolgenden Philosophen gefehlt haben. Was für eine Hülfe gaben ihnen nicht die schönen Wissenschaften und Künste, die in ihren Tagen die Höhe erreichten, in welcher alle

Jahrhunderte nach ihnen sie mit Bewunderung erblicken? Und wie viel fanden sie nicht in der politischen Verfassung ihres Vaterlandes, das ihren Werken den Geist mittheilte, der sie beselt? Sie bildeten sich vornehmlich in der grossen Welt, in dem Umgang mit den Menschen und den Geschäften, in der Verwaltung der wichtigsten Aemter im Staate, und im Felde; dahingegen unsre Philosophen in der Schule erzogen werden, leben und sterben, selten über die Gränzen der Universitätsstadt, selten in die feine Geselschaft kommen, oft auch schon zu sehr verwahrloset sind, als daß sie darin nützliche Beobachtungen sammeln könten. Was für eine ausgebreitete und tiefe Kentnis des Menschen, was für eine Bekandschaft mit den brauchbarsten Schätzen der Geschichte, was für ein erhabener Geist, der alles überschaut, alles durchdringt, und was für ein edles und grosses Wesen herscht nicht in den Schriften eines Xenophon, Plutarch, Cicero? Und wer sieht es nicht, daß ihr Umgang mit den vornehmsten und aufgeklärtesten Männern, ihre beständige Beschäftigung mit grossen und erheblichen Dingen, und zum Theil ihre Verbindung mit den wichtigsten Staatsangelegenheiten, die sie besorgten, an den Vorzügen ihrer

Werke

Werke Antheil haben, wodurch sie sich so sehr über das Gewöhnliche erheben? Daher dürfen wir uns nicht wundern, daß die Philosophie das bei ihnen war, was sie in den nachfolgenden Zeiten selten gewesen ist. Weil sie es war, was sie sein sol, so erhielt sie auch die Lobsprüche, die ihr gebührten: sie hieß die Lehrerin der Menschen, die Erfinderin der Gesetze, die Regiererin des Lebens, lauter Nahmen, die sie damahls verdiente, die sie aber in den Schulen wieder verlohren hat. Mehr oder weniger haben in den neuern Zeiten einige gute Köpfe sich den Geschmack der Alten in der Philosophie zum Muster erwählt; und wenn sie nicht allemal ihre Vorgänger erreicht, so haben sie doch ihren Weg betreten, sie haben in ihrem Geiste zu schreiben versucht, und mit der Gründlichkeit Geschmack, und oft mit dem Tieffsin Grazie verbunden. Unter ihren Händen hat die Philosophie wieder eine gefällige Gestalt angenommen, und sich so wohl ihrer ersten Reinigkeit als Schönheit, die ihr die Barbarei der scholastischen Zeiten geraubt hatte, wieder zu nähern angefangen. Hier erinnern wir uns an einen Baco, Grotius, Shaftesbury, Addison, Hutcheson, Hume, Locke, Malebranche, Descartes, Montaigne, Montesquieu, und zur Ehre unsrer Nation

Nation, an einen Leibnitz, Wolff, Kästner, Baumgarten, Moses, Kant, Meier, Gellert, Zimmermann, Sulzer, Walch, Iselin, Abbt, Spalding, Schlegel, Flögel, Riedel, Feder, und an die Nahmen anderer Männer, die ihr Verdienst um die Philosophie haben, und die ein jeder sich zu diesem unvolständigen Verzeichnis hinzudenken mag, das ohne Beobachtung einer Rangordnung hingesetzt wird. Diese mag ein anderer Abbt bestimmen, das Verdienst eines jeden messen, und ihm darnach seine Stelle geben. Ich darf mich nur begnügen, den guten Zeitpunkt der Philosophie mit einer stillen Wollust zu betrachten, und darauf zu denken, wie ich mich nun nach so vielen glänzenden Mustern, die ich vor mir sehe, bilden möge.

Dieser gute Geschmack, den die Alten uns vorgezeigt, und den einige Neuere mit der Philosophie glüklich zu vereinigen gewust, macht sie populär; durch ihn wird sie eine Lehrerin der Menschheit, und eine Predigerin der Vernunft und der Tugend bei dem Volke. Sie verläßt die Wolken des Olymps, und wandelt, gleich dem Apol, unter den Hirten umher. Durch den deutlichen und einnehmenden Ausdruck, durch die Zaubermacht der Ueberredung, durch das Aufweckende und

und Rührende der Beispiele, drängt sie sich unter die verschiedenen Klassen der Menschen, erwirbt sich überal Aufmerksamkeit und Beifal, und fängt an überal geliebt zu werden, weil sie so verständlich, und so schön lehret. Sie hat nicht mehr die rauhe Tracht, die ihr die Schulpedanten gaben, und worin sie erschreckte; nein, sie erscheint in dem reitzenden Gewande, womit sie von den Händen der Grazien bekleidet wird, worin sie am Hofe und unter dem Volke einnimt und erobert, und gleich einer Musarion bezaubert, indem sie unterrichtet. Dadurch wird der Nutzen und der wohlthätige Einfluß der Philosophie vervielfältiget, anstat daß er ohne den guten Geschmack nur sehr eingeschränkt war. Nicht nur für eine grössere Anzahl von Menschen, nicht nur für mehrere Klassen unter ihnen wird sie lehrreich; sie vermehret auch für einem ieden ihre Vortheile. Sie wird nicht blos das Gedächtnis mit einem Vorrrath von Wahrheiten bereichern, nicht blos die Kräfte des Verstandes erhöhen, und ihm die Fertigkeit verschaffen, wahr und richtig zu denken; sie wird auch auf den Willen würken, und ihn angewöhnen, gut und edel zu begehren. Sie wird nicht blos die Vernunft verstärken, sie wird auch

das

das Herz verschönern; nicht blos mit richtigen, feinen und erhabenen. Gedanken, sondern auch mit guten Gesinnungen und mit Neigung zur Tugend erfüllen. Sie wird ihren Freund nicht blos auf dem Studierzimmer, und in dem häuslichen Leben beschäftigen; sie wird ihn auch in die grosse Welt begleiten, und ihn an iedem Standorte, in ieder Situation nach den sichern Vorschriften der Vernunft und der Rechtschaffenheit handeln lehren. Welches Amt, welche Art der Geschäfte verträgt nicht einen richtig denkenden Kopf, und ein edelgesintes Herz? Und wie unentbehrlich sind nicht diese Eigenschaften, wenn die Welt Ordnung, Wohlstand und Ruhe haben sol? Die Philosophie ist es, die uns den Erwerb dieser Talente und Tugenden lehrt. Wird der Mann, der sich durch das Studium der Philosophie die glükliche Fertigkeit, überal richtig, anständig und erhaben zu denken, überal edel und tugendhaft zu empfinden und zu begehren, erworben hat, wird der nicht, wenn er in öffentliche Geschäfte gesetzt wird, sie mit Einsicht, Ordnung, und Nutzen für den Staat und seine Glieder verwalten? Werden ihm nicht so viele Wahrheiten, woran er sich aus der Vernunft und aus der Geschichte überzeugt hat, in allen einzelnen Vor=

Vorfällen zu Hülfe eilen, und wird er nicht in der Anwendung der algemeinen Grundsätze, mit welchen er schon bekandt ist, sich leichter und geschwinder, als ein anderer, Erfahrungen und practische Klugheit zu samlen wissen? Wenn es gewis ist, daß die wahre Philosophie diese Vortheile verschaft; so ist sie auch eine nöthige Wissenschaft für diejenigen, welche sich den grossen Geschäften widmen wollen. Ohne sie glaubten die Männer des weisen Alterthums in der Verwaltung öffentlicher Aemter unwissend, und dem Irthum ausgesetzt zu sein; und Plutarch und andere empfohlen den Jünglingen, sich nicht nur durch die Philosophie vorzubereiten, sondern auch die stille Muße, die ihnen einst zwischen den Geschäften des Staats vergönnet sein würde, nach dem Beispiel eines Pericles und Epaminondas, zu dem Studio der Weltweisheit zu nützen. Ich weiß wohl, daß viele junge Herren vom Stande jetzt das Vorurtheil haben, daß die Philosophie nicht für sie gehöre; ich weiß auch, daß das, was man oft unter dem Nahmen der Philosophie zu lehren pflegt, wenig brauchbar für die Welt ist. Allein man lerne die wahre Philosophie von der falschen unterscheiden, und man wird bei iener die Vortheile finden, die man bei dieser vergebens sucht. Wir

Wir mögen in dieser Betrachtung fortgehen, so weit wir wollen; so werden wir immer die Nothwendigkeit des Gesetzes erblicken, das den guten Geschmack mit der Philosophie vereinigt haben wil. Nicht nur die wohlthätige Absicht, die Menschen mit den brauchbaren Wahrheiten und Vorschriften der Vernunft, und also mit den Quellen ihrer Glückseligkeit bekandt zu machen, nicht nur die Aussicht in den mannigfaltigen Nutzen, den alsdann die Philosophie für alle Stände und Klassen der Menschen ausbreitet, nicht nur das süsse Bewustsein des Verdienstes, das er sich um andere erwirbt, belebe den Philosophen, die Regeln, die wir angezeigt haben, zu beobachten; es eröfnet sich noch ein neuer Grund, ihn dazu zu bewegen. Der gute Geschmack ist das Mittel, unsre Schriften auf die Nachwelt zu bringen. Ohne den Werth, den er den Schriften beilegt, gelangen sie nicht zu den künftigen Zeiten; ungelesen und ungeachtet von den Zeitgenossen, finden sie bald das Schicksal, daß sie vernichtet, den Ort, wo sie vermodern. Dis ist gleichsam eine Art von Rache, welche der beleidigte Schutzgott des guten Geschmacks ausübt. Der gute Geschmack, der unsern Schriften die Aufmerksamkeit, und den Beifal unsrer Zeitgenossen erwirbt,

wirbt, erwirbt ihnen auch die Vorsorge, welche sie für die Nachkommen aufbewahrt, und sich dadurch eben so bedacht auf die Ehre unsrer Zeiten, als auf den Nutzen der Nachwelt beweiset. Wie viele Werke sind nicht in die Welt geschickt, wovon kaum noch die Namen auf unsre Zeiten gekommen sind? Und die Schriften, um deren Erhaltung man ganze Jahrhunderte hindurch beschäftigt gewesen, sind es nicht eben die, in welchen wir den guten Geschmack erblicken, der ihnen das Siegel der Unsterblichkeit eindrückte? Seid aufmerksam, ihr Weltweisen, auf die warnenden Vorspiele, und lernt auf euren eigenen Ruhm bedacht zu seyn. Das Verlangen, noch bei der Nachwelt zu leben, begeistere euch; aber das Verlangen, der Nachwelt noch zu nutzen, veredele jenes. Wie süß, und wie erhaben ist nicht der Gedanke, nicht blos den Nahmen auf die Nachwelt zu bringen, (denn wie mancher Thor hat dieses nicht erlangt?) sondern noch von ihr gelesen, geliebt und verehret zu werden, ihr Unterricht und ihr Vergnügen zu sein, und von den Zeitgenossen an die Wahrheit und die Empfindung des Guten und des Schönen durch späte Jahrhunderte ausbreiten zu helfen? Hier vervielfältigen sich die Verdienste des wahren Philosophen,

D ergies-

ergießen sich immer zum Wohl der Welt, und ihr wohlthätiger Ausfluß wird nicht erschöpft. O! daß euch die Liebe des Nachruhms zur Liebe des guten Geschmacks beselte, ihr Schriftsteller, um euch dieses Verdienst, und diese Zufriedenheit zu erwerben!

Umsonst schreien einige metaphysische Köpfe, daß die Gründlichkeit leide, wenn sich der Geschmack mit der Philosophie vereiniget, und schmähen auf den Witz, weil sie ihn nicht haben. Aber wissen denn diese Herren auch wohl, was Gründlichkeit sei? Besteht sie denn in einem zusammengeworfenen Wust von Beweisen und Unterscheidungen, wo jene nicht nöthig sind, und diese nur verwirren? Belastet immer das Compendium und den Zuhörer mit einem Chaos von Sätzen, um ihm daraus gelehrt zu beweisen, daß Nichts, Nichts sei; und laßt mir meine Grille, unter der Gründlichkeit des Philosophen seine Fertigkeit zu verstehen, die Wahrheit aus ihrer Quelle herzuleiten, demjenigen, was er lehrt, auch dasjenige beizufügen, woraus seine Richtigkeit erkant wird, und es gegen Einwürfe zu sichern, wenn sie erheblich sind. Nicht alles soll bewiesen, nicht immer widerlegt werden. Nicht die Menge der Beweise,

son=

sondern ihre Richtigkeit und Stärke erhebt den Geist zur gründlichen Einsicht; und die geschickte Stellung der Beweise, ist eben so wohl ein Geschäfte des guten Geschmacks, als ihre Erfindung ein Werk des Verstandes ist. Der Witz hilft so wohl zur Ueberzeugung, als der Scharfsin, und mus oft seine Stelle vertreten; er ist ein plötzlicher Strahl des Blitzes, der alles auf einmal erleuchtet. Der Verstand wird geschäftiger und mächtiger, wenn er vom Witze in seinen Unternehmungen unterstützt wird; die unähnlichsten und entferntesten Begriffe gesellen sich in der Vergleichung zusammen; die Verbindungen werden mannigfaltiger; und neue, oder noch unbemerkte Aussichten erhellen sich plötzlich unter den Augen des Geistes. Wenn der Verstand etwas für wahr erkent, warum sol der Witz es nicht sinlich und überredend ausdrücken? Doch warum halte ich mich auf? Daß man schön und zugleich gründlich denken könne, und daß Witz und Grazie sich mit dem Tiefsin vertragen, das würde allein Kästner durch seine Schriften beweisen, wenn ich auch weiter keine Zeugen unter den Weltweisen sähe. Und was kan man noch über diese Materie zu sagen glauben, da dieser Philosoph uns in einer besondern Abhandlung

lung den Gebrauch des Witzes in höhern Wissenschaften gelehrt, und gezeigt, wie nothwendig er zum leichtern Uebergang von einer Wahrheit zur andern, zum Ordnen der Sachen, die man untersuchen wil, oder die man schon kennet, zur Classification, zur Bildung des Systems, zur Erfindung, zum Ausdruck und zum Vortrage der Wahrheiten sei?

Es ist wahr, daß manche unter den Neuern in die Philosophie einen gewissen Geist des Leichtsinns gebracht haben, der der Gründlichkeit schadet. Um verständlich, und noch mehr, um witzig zu sein, haben sie die Wahrheiten auf eine Art behandelt, wodurch das Ueberzeugende, das Starke und Männliche, welches der wahren Philosophie eigen ist, und gleichsam ihre innere Kraft vernichtet worden. Um das Trockene des Vortrags zu vermeiden, sind sie überall lebhaft und witzig geworden, und haben darüber die Gesetze der richtigen Auswickelung, und der natürlichen Folge der Begriffe, die Nothwendigkeit, und den Nachdruck der Beweise, und die Ordnung, und den Zusammenhang der Wahrheiten vergessen, die doch nicht übersehen werden müssen, wenn der gehörige Grad der Ueberzeugung hervorgebracht werden sol. Sie haben

haben das Ueberflüssige, das Ermüdende, und Eckelhafte der Demonstration vermeiden wollen, und sind dadurch auf einen nahen Abweg, auf ein seichtes Wesen, auf einen blos schimmernden Witz, gerathen. Sie haben gefallen wollen, und darüber das rechte Ziel verfehlt, nehmlich um desto besser zu unterrichten. Auch die sclavische Nachahmung hat an diesem Fehler einiger Philosophen einen Antheil. Einige Franzosen setzten den Witz an die Stelle der Gründlichkeit, und gefielen; denn was gefält nicht? Der gute Deutsche äfte nach, ohne zu überlegen, ob er eben diesen Witz erreichen könte, und erreichen solte, und ob dieser sich zu seinem eigenthümlichen Naturel, und zu der Natur der Wissenschaft schickte. Anstat die Alten zum Muster zu erwählen, oder, wenn man Neuere suchte, vom Engelländer zu lernen, und einem Abdison, einem Steele die Kunst abzusehen, wie der Witz mit der Philosophie verbunden werden müsse, lief man dem leichtsinnigen Franzen nach, wolte so lebhaft und artig sprechen, als er, und kam auch bald dahin, eben so seicht zu denken. Daher bekam die Philosophie ein gewisses tändelndes und kindisches Wesen, und verlohr ihren Ernst, und ihre verewigte Stärke; daher entstanden unsre

philo-

philosophischen Stutzer, die alles verachteten, was nicht witzig eingekleidet war, und immer im süssen Tone lalten. Es gehört viel guter Geschmack, viel Belesenheit, viel Studium der Kritik dazu, um die Gränzen des Witzes in der Philosophie zu lernen, um zu wissen, wo er angebracht werden dürfe, wo er vermieden, wie er gemässiget, und auf welche Weise er immer der Natur der Sache angemessen werden müsse. Er sol nur eine Würze, nicht aber die Speise selber sein. Er sol einen Gehülfen der Philosophie abgeben, nicht aber sich an ihre Stelle hindrängen, und das allein verrichten wollen, was ihr zukomt. Es gibt einen Weg, auf welchem man zwischen der Trockenheit und der Seichtigkeit vorbeischleichen kan; diese Mittelstraße sind alle gute Philosophen gegangen, und glücklich ist der, der sie zu finden weiß.

Sol der gute Geschmack in der Philosophie herschend werden, und dadurch den mannigfaltigen Nutzen verschaffen, den sie in der Verbindung mit ihm auszubreiten fähig ist; so mus er seinen Anfang von der Universität nehmen. Erhalten nicht die Schriftsteller auf ihr ihre erste Bildung, wenn gleich viele ausser ihren Bezirk schreiben? Und nicht blos um einigen guten Köpfen eine glückliche Richtung

sung zu geben, damit sie einst gute Philosophen am Schreibepult werden; sondern vielmehr um die Kräfte der Jünglinge zum Wohl der Welt, und zu ihrer eigenen Glückseligkeit auszubilden, für die Bedürfnisse des Staats, für die verschiedenen Aemter desselben richtig denkende und edel gesinte Männer aufzuziehen, deswegen mus der gute Geschmack den academischen Vortrag der Weltweisheit beseelen. Es ist dem Vaterlande mehr an guten Bürgern, als an Schriftstellern gelegen; man braucht die Philosophie mehr für das Privatleben, und für die öffentlichen Geschäfte, als um zu schreiben; wenige haben hiezu einen Beruf, aber alle haben den Beruf aufgeklärte und rechtschaffene Männer zu werden, um zu ihrer eigenen Zufriedenheit und zum Nutzen der Welt zu leben. Der academische Lehrer bemühe sich also nicht nur selbst um die Kentnis des guten Geschmacks, und um die Kunst, ihn mit der Philosophie zu vereinigen; sondern er eröfne auch dem Lehrling die Quellen des guten Geschmacks, und zeige ihm, wie er aus ihnen schöpfen müsse. Sein Unterricht, seine Aufmunterungen, und was noch stärker ist, sein Beispiel werden bald den gutgearteten Jüngling zur Liebe der Wissenschaft des Schönen erwecken; willig wird er lernen, nicht blos

für

für den Verstand, sondern auch für die Empfindung zu studiren; und je vertrauter er mit den Mustern, und mit den Regeln des guten Geschmacks wird, desto mehr wird ihm die Einsicht in die Wahrheiten der Philosophie aufgeheitert werden, desto eher wird er anfangen, sie zu gebrauchen. Dann wird der wahre Geist der Philosophie, der in so vielen edlen Jünglingen gebildet wird, sich mit ihnen in die Welt, in das Häusliche und in das öffentliche Leben ausbreiten, und von dem Standort aus, den sie nehmen, sich auch andern mittheilen, auch über andern ein wohlthätiges Licht ausgiessen.

Vielfältig sind ferner die Einflüsse der Philosophie in alle übrige Wissenschaften; eine Wahrheit, die keines Beweises mehr bedarf. Allein die blosse Compendienphilosophie ist allen Theilen der Litteratur eben so schädlich, als dem gesunden Verstande. Ihre Anhänger messen immer nach einem falschen Maaßstabe, sie mögen auf dem Grund der Theologie, oder der Jurisprudenz, oder der Arzeneikunst treten; überal richten sie nach ihren schielenden Ideen, und angenommenen Sätzen, verwerfen, was sie nicht aus ihnen herleiten, nicht auf sie zurückführen können, oder zerren die neuen

Leh-

Lehren so lange herum, bis sie sie mit dem gehuldigten System vereinbaret, und dadurch ihren Geist getödtet haben; fallen in dem Taumel der Demonstrirsucht über Facta, und Erfahrungen her; dringen nie in das Wesen der Wissenschaften ein; werden unerträgliche Zänker; Pedanten auf den Canzeln, gefährliche Richter, und mordende Aerzte. Wie viel Glück wäre es nicht für solche Köpfe, und für die Welt, wenn sie gleich mit ihrem guten natürlichen Verstande zu den Wissenschaften, denen sie sich vorzüglich widmen, gekommen wären, ohne ihn vorher verderben zu lassen? Aber wir wollen auch den Schaden, den die Afterphilosophie stiftet, nicht auf die Rechnung der wahren Philosophie setzen. Diese ist immer eine würdige Vorläuferin der übrigen Wissenschaften: sie bahnet und erleuchtet unsern Pfad nach allen Gegenden der Litteratur. Sie erweiset den Wissenschaften bald durch Aufklärung, bald durch Befestigung eine freundschaftliche Hülfe, und hält die grosse Kette der Wahrheiten zusammen. Sie macht uns mit den ersten Gründen der menschlichen Erkentnis, mit den Kräften und Eigenschaften der Dinge bekandt, erweitert und schärft den Verstand, lehrt ihn die Wahrheit finden, die Vorurtheile

urtheile verjagen, und in den Begriffen und Urtheilen Richtigkeit, Deutlichkeit, Ordnung und Genauigkeit verbinden. Welche ausgebreitete Beschäftigung würde es nicht sein, alle Verdienste, welche die ächte Philosophie um die übrigen Wissenschaften hat, zu entwickeln?

Vornehmlich hat sich die Philosophie mit vielem Glücke in die Bearbeitung der schönen Wissenschaften und Künste gemischt. Schon lange hat der Philosoph die Regeln, welche der Dichter und der Künstler nach Anweisung der Natur, und der Genies befolgten, aus ihren Werken abgezogen, und in Lehrgebäude gebracht. Erst durch die Grundsätze der Kritic, die der philosophische Beschauer der Monumente des Geistes entwickelte, hat der Geschmack seine Festigkeit erhalten. Wie viele philosophische Lehrer der schönen Wissenschaften und Künste vom Aristoteles bis zum Baumgarten; welche Menge von Grundregeln des Geschmacks, von feinen Bemerkungen, von scharfsinnigen Untersuchungen, und Anweisungen! So wie der gute Philosoph zum wenigsten die ersten Grundsätze der schönen Litteratur kennen mus; so mus auch der Dichter und der Künstler eine gesunde Philosophie besitzen, wissen, was die Natur ist,

und

und was sie nicht ist, das Wesen und den Ausdruck der Empfindungen, die Leidenschaften, Charactere und Sitten der Menschen, die unterscheidenden Kenzeichen der Nationen und Zeitalter kennen, mit einem Worte, sich den ausgebreiteten und eindringenden Einsichten nähern, die wir in den Werken Homers und Raphaels wahrnehmen. Und sind Horaz, Boileau, Pope, Ramler, Lessing, Klotz blos vortrefliche Dichter? Sind sie nicht auch Kunstrichter, welche die Grundgesetze des Geschmacks zum Theil selbst scharfsinnig zu entwickeln, zum Theil deutlich vorzutragen wusten? Gewis ist es, daß die Philosophie, und die schönen Wissenschaften ihre Einflüsse in einander ergiessen, daß sie selbst ihrer Natur nach in einer genauen Verbindung unter sich stehen, und daß der Philosoph und der Aesthetiker bei der Bearbeitung vieler Materien sehr oft auf Einen Plaz zusammenkommen. Da die Philosophie durch Entwickelung und Befestigung der Grundsätze des Geschmacks so viel Verdienst um die schönen Wissenschaften und Künste hat; solten ihr denn nicht diese wieder eine gefällige Hülfe leisten, so bald sie derselben benöthiget ist? Und solte nicht das Studium dieser Wissenschaften die sich so gerne harmonisch mit einander verbinden, die sich wechsels-
weise

weise so glücklich unterstützen, immer unzertrenlich verknüpft werden?

Ich werfe, ehe ich diese Abhandlung schließe, noch einen forschenden Blick auf unser Zeitalter umher, und finde in ihm eine neue Aufmunterung zur Verbindung des guten Geschmacks mit der Philosophie. Leben wir den etwa noch in den unglücklichen Zeiten, die keinen, oder einen falschen und verwilderten Geschmack hatten, worin das Licht der Künste und Wissenschaften in einer traurigen Nacht verloschen, und das feinere Gefühl der Menschen unter der Barbarei der Kriege, oder des Aberglaubens erstickt war? Oder haben wir den erwünschten Zeitpunkt erreicht, worin die Kentnis der schönen Litteratur, und der Geschmack an ihr sich unter einem grossen Theil unsrer Nation ausgebreitet hat, worin wir von so vielen Mustern von Werken des Geistes umgeben sind? Was für ein heiterer Tag ist nicht auf die Morgenröthe gefolgt, die vor einem halben Jahrhundert den schönen Wissenschaften unter uns aufging? Wie viele schöne Geister in allen Classen der feinen Litteratur sind nicht nach und nach unter uns aufgestanden, haben die Ehre unsrer Nation gegen die Beschuldigungen unsrer Nachbaren gerechtfertiget, und unsre Bewunderung, die so

lange

lange dem ausländischen Witze nachgelaufen war, auf sich selbst gezogen? Haben wir nicht in der Beredsamkeit so wohl, als in der Poesie, von der Epopöe bis zur Fabel, und selbst in den bildenden Künsten unsre Nationalmuster, die unserm Jahrhunderte nicht weniger seinen eigenen Charackter geben, als ihn Augusts und Ludewigs Jahrhundert hatte? Und wie geschäftig ist nicht der Genius des Geschmaks in allen Provinzen die schlummernden Genies zu wecken? Welche Meisterstücke der Litteratur empfangen wir nicht aus den Gegenden, worin man vor einigen Jahren kaum zu wissen schien, was deutsche Sprache sei? Welche Stuffen der Feinheit hat nicht unsre Kritik, selbst bei allen ihren Fehlern, erreicht? Und diese Revolutionen des guten Geschmacks solten das angränzende Gebiete der Weltweisheit nicht erschüttern? Nicht unsre Philosophen auf die Vortheile ihres Zeitalters aufmerksam machen? Nicht zu so vielen einheimischen Mustern der schönen Litteratur sie hinleiten, um aus ihnen den Geist des guten Geschmacks in die Philosophie zurückzutragen?

Wer er auch sei, der edle Jüngling, der Ehrbegierde genung hat, einst ein guter Philosoph zu sein, der nehme seinen Weg durch das Gebiete der schönen Wissenschaften. Er sei frühzeitig bedacht, seinen Geschmack, bevor er eine unglückliche Richtung annimmt, nach den besten Mustern zu bilden, und das Schöne in den Werken der Natur und der Kunst empfinden zu lernen; aber er spüre auch den Regeln und Grundsätzen nach, nach welchen beide handeln, er beschleiche den Dichter und den Künstler in ihren geheimen Werkstätten, um den Geist gleichsam bei seiner Arbeit zu ertappen; eine eben so nützliche als angenehme Vorübung des Verstandes zur Philosophie, die mehr werth ist, als eine Menge trockner mit dem Gedächtnis gefaßter Sätze. Er samle durch das Studium der schönen Litteratur, auch der Geschichte, und aus dem Umgang mit der Welt einen Vorrath richtiger Begriffe; verfeinere seine Empfindungen; bereichere seine Imagination mit neuen Bildern; suche in den Triebfedern, Maximen und Handlungen der Menschen die Philosophie auf, die darin gleichsam lebendig erscheint, da sie hingegen in den Büchern todt ist; wiederhohle es bis zur Fertigkeit, das Gefühl in Ideen aufzulösen, algemeine Grundsätze abzuziehen, den Geist der Reflexion zu erhalten, und mit seinen eigenen Kräften für sich selbst zu erfinden. Er verachte dabei nicht den Unterricht

terricht der Lehrer, aber er betrachte ihn mehr wie eine Gelegenheit, als ein Muster der Philosophie, denke immer den Lehrsätzen nach, nehme sie nicht an, als in so ferne er sich selbst aus sichern Gründen ihrer Wahrheit bewust ist, und sei freimüthig genung, Zweifel vorzutragen, und zu verwerfen, wo Unrichtigkeit ist. Er bewahre sich vor der verderblichen Mode, die auf unsern hohen Schulen herscht, gewissen Secten blind nachzulaufen, und gewissen Systemen zu huldigen, eine Mode, die das philosophische Genie fesselt, und den, der es nicht hat, wüster und verwirter macht, als er war. Er bedenke, daß die wahre Philosophie nicht in einer wilkührlich angesetzten Summe von Begriffen und Sätzen bestehe; daß auf das Wort des Lehrers und des Compendiums glauben, fassen, wiederhohlen, auswendig lernen, nicht Philosophie studiren heisse; daß wir der Menge der Systeme zwar nach und nach unsre Untersuchung geben müssen, ihnen aber nicht das Monopolium der Philosophie, das sie sich anmassen, zugestehen dürfen; daß es der Wissenschaft so wohl, als ihrem Liebhaber nachtheilig sei, wenn sie zu frühzeitig in Lehrgebäude eingeschlossen wird, wodurch dieser von dem Schein der Wolständigkeit betrogen wird, und für jene eine ermüdende Einförmigkeit, und Mängel an neuen fruchtbaren Bereicherungen entsteht. Er studiere die Philosophie in den Schriften nicht nur seiner Nation, sondern auch der Ausländer, er studiere sie

sie mit Nachdenken, und mit Beurtheilungskraft, so lange und beharlich, bis er ganz in ihren Geist eingedrungen ist; er samle nicht blos die besten Schätze bei andern Völkern, er lerne ihnen auch ihre Manier ab, sie wieder unter den Menschen auszutheilen. Er beobachte den Fortgang der Philosophie unter den aufgeklärten Nationen; die oft verdeckten Scheidewege, wo sie von einander abgehen; und die Gegenden, wo sie wieder zusammen kommen; das Unterscheidende, das diese Wissenschaft von dem Charakter und den Sitten des Volks, von der Regierungsform, von der Religion, und selbst von dem Clima annimt; die verschiedenen Zeitpunkte ihres Flors, und ihres Verfals, und die Ursachen, die sie befördert haben. Er fange an, lange durch diese Beschäftigungen vorbereitet, sich seinen eigenen Weg vorzuzeichnen, suche in der Welt der Philosophie unbekandte Länder auf, oder richte die gemachten Entdeckungen mit gutem Geschmack auf Gegenstände, die für seine Zeit, für seine Nation, für die Bedürfnisse des Staats worin er lebt, und für seine näheren Verhältnisse, interessant sind. Gewis der Glanz, den von ihm die Philosophie empfängt, wird auf ihn zurückscheinen; und ein Strahl der Zufriedenheit und des Ruhms seine Tage erheitern.

Jetzt trete ich aus der Mitte meiner Leser ab, und wende mich zu einer besondern Claſſe derſelben, zu den jungen Freunden der Wiſſenſchaften auf dieſer Univerſität, denen ich noch meine Vorleſung anzuzeigen habe.

Meine Herren! dieſe Abhandlung enthält die Geſetze, die ich in dem Vortrag einer Wiſſenſchaft zu beobachten bemühet ſein werde, unter deren vielſeitigen Empfehlungen dieſe die geringſte iſt, daß ich ſie Ihnen anpreiſe. Da ich Ihnen über die Nothwendigkeit, den Nutzen, und die Lehrart der Philoſophie nichts mehr ſagen darf; ſo begnüge ich mich Ihnen nur anzuzeigen, daß ich aus den Gründen, die ich eben angeführt habe, vor ihr den Vortrag der ſchönen Wiſſenſchaften vorangehen laſſen werde. Ueber dieſe werden ſich meine Sommervorleſungen ausbreiten; dis ſol unſer Weg zu einigen Theilen der Philoſophie, beſonders zur

E Mo-

Moral, sein, die ich Ihnen künftigen Winter vorzutragen entschlossen bin. Weil die schönen Wissenschaften, und die freien Künste unter sich selbst eine so nahe Verwandschaft haben; so wollen wir sie auch im Vortrage mit einander verbinden. Ich werde Ihnen so wohl die Geschichte derselben erzählen, als auch die Theorie erklären; jene nach meinem eigenen Entwurfe, diese über den Batteu. Indem wir also mit den Grundsätzen der schönen Wissenschaften und freien Künste auch ihre Geschichte, obgleich jedem Theil seine besondere Vorlesung gewidmet ist, verknüpfen; so wird dadurch ein neuer Tag vor uns aufgehen, wir werden in verschiedene Zeiten, und über verschiedene Nationen Aussichten gewinnen, die uns die Nutzbarkeit dieses Studiums erweitern können, und die Werke, die in so vielen Jahrhunderten der Triumph des menschlichen Geistes gewesen sind, werden in einer glänzenden Reihe sich unsern Augen darstellen. Zu sehr würde ich mich verliehren, wenn ich Ihnen hier die ganze Methode, wie ich

Ihnen

Ihnen die Theorie der schönen Litteratur, und der Künste vortragen werde, die Abweichungen von unserm Führer, die Einschränkungen, die Zusätze von Regeln, und ausgewählten Beispielen anzeigen wolte. Aber von der Geschichte mus ich Ihnen noch ein Paar Worte sagen.

Die Geschichte, die ich Ihnen, meine Herren, ankündige, ist die Geschichte der Poesie, der Beredsamkeit, der Mahlerkunst, der Bildhauerkunst, und der Musik, von ihrem ersten Ursprunge an durch verschiedene festgesetzte Epochen bis zu unsern Zeiten herunter. Also eine Erzählung von ihrem Entstehen, Fortgang, Wachsthum, und Ausbreitung, von ihren manigfaltigen Gestalten, und Schicksalen unter den aufgeklärten Nationen in iedem Zeitpunkt, von den Ursachen ihres Flors, und ihres Verfals, von dem Einflusse, den die Beschaffenheit der Zeiten, die Regierungsformen, die Sitten der Völker, das Klima, u. s. w. in sie gehabt, von den Männern, die sich in ihren verschiedenen Revieren berühmt gemacht, die sie beschäfigt,

schützt, erhöhet, oder in Abnahme gebracht ha=
ben, von den vorzüglichsten Werken des Genies,
und von ihrem eigenthümlichen Charakter, den ich
Ihnen zugleich zu entwickeln suchen werde, um
Sie mit dem Geist eines jeden Zeitalters bekandt
zu machen.

Sie werden sich nicht wundern, meine Her=
ren, daß wir die Geschichte der Poesie, der Be=
redsamkeit, der Mahlerkunst, der Bildhauerkunst,
und der Musik zusammenfassen wollen. Es ist
wahr, daß ein jeder Theil der schönen Wissen=
schaften und Künste eine besondere Geschichte ver=
diente; allein wie viel Zeit würde dis nicht Ihren
übrigen Wissenschaften rauben, und wie sehr wür=
de nicht vielleicht die gar zu grosse Weitläuftigkeit
Sie verwirren? In diesen Jahren Ihrer Vor=
bereitung ist es Ihnen genung, die Geschichte der
schönen Wissenschaften und Künste gleichsam in ei=
nem Familiengemählde zu sehen; grosse Gallerien
stehen Ihnen noch immer offen, und verstattet es
Ihre künftige Bestimmung, so können Sie leicht

von

von einem jeden Zweig der feinen Litteratur die besondere und ausführliche Geschichte studiren.

So viel Nutzen wir uns von dieser Beschäftigung versprechen dürfen, so sehr fordert sie auch von mir, der ich Ihnen darin vorbahnen sol, allen Fleiß und Eifer. Aber ich weiß nicht nur, wie viel ich mich zu bemühen habe, ich weiß auch, für welche Genies, und für welche Herzen. Ich darf Ihnen ganz die Liebe einer Wissenschaft zutrauen, die noch immer Ihre Zufriedenheit sein würde, auch wenn sie weniger Ihre Pflicht wäre. Mein Vergnügen in den Beschäftigungen mit den Wissenschaften wird immer grösser, je mehr ich es mit Ihnen theilen kan; und wenn Sie einst zu dem Tempel der Wahrheit und des guten Geschmacks gelanget sind, so wird der Gedanke, daß ich mit zu ihren Wegweisern gehöre, meine empfindlichste Belohnung sein. Allein ich darf die Gründe, Sie zu ermuntern, am wenigsten von mir selbst hernehmen; ich würde sie, wenn es nöthig wäre, in Ihren eigenen Vortheilen aufsuchen;

ich würde Ihnen, um das Nachdrücklichste für
Sie zu sagen, die Zeit vorstellen, in welche Ihre
akademischen Jahre fallen, die Zeit, die in der
Geschichte unsrer Universität eine so glänzende
Epoche durch die alles belebende Vorsorge ihrer
Erhabenen Vormünder wird, für welche meine
Bewunderung und Verehrung nicht laut werden
darf, nachdem Mäcene von Horazen, und Col-
berte von Boileaus gepriesen sind.

Nur also noch zwo Bitten, meine Herren,
werden Sie von Ihrem Freunde annehmen.
Dulden Sie nicht das Vorurtheil, als wenn das
Studium der schönen Wissenschaften eine gewisse
Gemächlichkeit des Geistes zuließe; nein, es
erfordert, wie die höhern Theile der Gelehrsam-
keit, eine ernstliche Anstrengung der Selenkräfte,
viel Muth, viel Bemühen um die Kentnis der
Sprachen, der Geschichte, der Alterthümer, der
Kritic, viel eigenes Denken, viel Nachforschen in
den Quellen. Aber lassen Sie sich auch nicht
durch die Annehmlichkeit dieses Studiums von der

Bahn

Bahn Ihrer Hauptwissenschaften wegleiten; denn durch diese sollen Sie vornehmlich einst brauchbare Männer für das Vaterland werden. Es ist leicht, unter den Bezauberungen des Umgangs mit den schönen Wissenschaften einen falschen Eckel an den höheren anzunehmen; aber es wird auch Ihrer Urtheilskraft Ehre machen, wenn Sie sich vor der Abneigung von Ihren wichtigern Bestimmungen bewahren. Das Studium der schönen Litteratur sol Ihren Geist aufheitern, und ihren Geschmack verfeinern, um in Ihren Hauptwissenschaften einen desto glücklichern Fortgang zu machen; nicht aber allein, und diesen zum Nachtheil Ihre Liebe, Ihren Fleiß, und ihre Zeit haben. Man wird Sie einst, wenn sie ein Amt suchen, oder zu einem Amte gesucht werden, nicht fragen, ob Sie schöne Geister sind; man wird forschen, ob Sie sich die gründlichen Kentnisse, die zur geschickten Verwaltung des Amts nöthig sind, erworben haben.

Endlich, meine Herren, machen Sie alle unsre Mittbürger zu Zeugen, wie viel Einfluß das

das Studium der schönen Wissenschaften auf das Herz, und die Sitten habe, und mit wie vielem Rechte Sie sich damit beschäftigen. Indem Sie mit einem edlen Stolz die ganze Würde empfinden, zu welcher der menschliche Geist durch die Wissenschaften erhoben wird; so werden Sie auch den Ruhm nicht missen wollen, eben die Liebe der Wahrheit, eben das Wohlgefallen an Ordnung und Anstand, eben das feine Gefühl des Schönen und Edlen, das Ihnen dieser Theil der Litteratur einflößt, in ihre Gespräche, in ihre Handlungen, in Ihr ganzes sitliches Leben hinüberzutragen. Ich muste Ihnen weniger Empfindlichkeit gegen die Ehre der Wissenschaften zutrauen, wenn ich Ihnen mehr sagen wolte.

Druck

Druckfehler.

Man beliebe zu lesen:

S. 4. Z. 24. schien für schienen.
S. 8. Z. 2. paragraphirt für paraphrasirt.
S. 11. Z. 21. wie für wir.
S. 12. Z. 8. Pracht für Putz.
S. 15. Z. 21. Gesellschaft für Gestalt.
S. 16. Z. 15. gestelt für gestalt.
S. 31. Z. 2. um für nur.
S. 34. Z. 15. auch für auf.
—— Z. 18. Bürger für Hörer, und seid für sind.
S. 35. Z. 11. den für der.
S. 37. Z. 5. vieler für vieles.
—— Z. 14. ———
S. 40. Z. 21. dem Philosophen für der Philosophie.
—— Z. 25. diese für die.
S. 45. Z. 18. einen für einem.
S. 46. Z. 24. wovon für woran.
S. 48. Z. 20. das für daß.
S. 53. Z. 25. nervigte für verewigte.
S. 56. Z. 12. andere für andern.
S. — Z. 20. den für dem.
S. 58. Z. 11. des für der.
S. 60. Z. 7. denn für den.
S. 62. Z. 14. aus für auch.